L'AGE DE LA PIERRE A FÉDRY

(Haute-Saône)

PAR

ALFRED MILLIARD

VESOUL

TYPOGRAPHIE DE A. SUCHAUX

1883

(Extrait du *Bulletin* de la Société d'Agriculture, Sciences et Arts
de la Haute-Saône, année 1883.)

L'AGE DE LA PIERRE A FÉDRY

(Haute-Saône).

PAR

Alfred Milliard.

VESOUL,

TYPOGRAPHIE DE A. SUCHAUX.

—

1883.

L'AGE DE LA PIERRE A FÉDRY

(HAUTE-SAÔNE).

Le territoire de Fédry, quoique très-petit, se compose d'une plaine que la Saône borde d'un côté dans la plus grande partie de sa longueur, d'une vallée transversale et de deux groupes de collines entrecoupées de dépressions plus ou moins profondes.

Si l'on remonte les âges jusqu'au-delà des temps historiques, — alors que d'immenses forêts recouvraient nos coteaux et que le lit de la Saône, plus large, occupait encore la presque totalité de notre prairie, — c'était essentiellement, on ne saurait en douter, un pays de chasse et de pêche.

Les hommes, dès cette époque reculée, en quête de gibier et de poissons, ont donc dû y séjourner souvent, et leurs embarcations, sitôt qu'ils surent en construire, ont sans doute incessamment sillonné notre rivière. Les pirogues que l'on a découvertes à Saint-Albin et à Rigny, en amont et en aval de Fédry, en sont la preuve incontestable.

Il n'est alors pas surprenant qu'ayant eu l'idée de chercher si ces premiers habitants de notre sol avaient laissé des traces de leur passage ou de leur séjour sur notre coin de terre, mes recherches n'aient pas été infructueuses.

J'ai, en effet, trouvé autour de Fédry des instruments de pierre de toutes sortes, tels que nucléus, percuteurs, couteaux, grattoirs, pointes de flèches, haches polies, etc.

Tous ces objets, composés de matières étrangères aux

terrains sur lesquels on les retrouve, offrent une grande variété de nature et de couleurs, et ont été conséquemment détachés de roches devant provenir de localités très-diverses. C'est donc l'homme qui les a transportés là à une époque lointaine, et si nous les recueillons aujourd'hui sur le sol, c'est qu'il les y a perdus ou abandonnés jadis.

J'ai rencontré ces antiques débris de l'industrie humaine sur trois points différents (1), dont l'un au moins, où ils se trouvent plus abondamment, a certainement servi de station à une tribu préhistorique.

Deux de ces emplacements sont situés aux sommets de coteaux, et le troisième est au milieu de la plaine.

Première station. — Au sud-ouest de Fédry, vers la limite du territoire, à quelques pas du chemin de Soing, dans une position magnifique qui domine le cours de la Saône, et d'où l'on aperçoit les châteaux de Rupt et de Ray, la roche de Morey, la butte d'Oiselay et le camp de Chariez, on voit de grands murgers qui entourent en partie quelques ouvrées de vignes appelées les *Billardes*.

Si l'on jette les yeux sur le plan cadastral de Fédry, on remarque qu'à l'époque de son exécution (1835) ces murgers étaient beaucoup plus nombreux qu'ils ne le sont maintenant. Les uns dessinaient deux rectangles réguliers inégaux ayant un côté commun, et les autres s'étendaient sous la forme de longs murs parallèles descendant vers la Saône, ou se dirigeant perpendiculairement à ceux-ci dans la direction de l'ancienne ferme de Liény. Mais aujourd'hui, — les habitants y prenant depuis un grand nombre d'années les pierres de leurs prestations, — la plupart de ces amas ont en grande

---

(1) Il est probable que sur toutes les collines favorablement situées qui bordent la vallée de la Saône on trouvera des objets identiques à ceux que j'ai recueillis à Fédry. J'en possède quelques-uns qui proviennent d'Ovanches, de Soing et de Membrey.

partie disparu. Seul actuellement le petit rectangle vulgaire-
ment appelé l'*Enclos* subsiste presque entièrement. Les murgers qui le composent ont encore cinq mètres de largeur à
la base et deux ou trois mètres de haut.

Longtemps ces monceaux de pierrailles formant enceinte,
placés au faîte d'un plateau d'où l'on voit toutes les hauteurs
remarquables de la contrée, m'ont préoccupé. Étaient-ce les
restes d'une vigie romaine, comme l'avançaient plusieurs
personnes du pays? L'absence de fossés et la nature même
des matériaux dont sont formés les talus de cet ouvrage
indiquent suffisamment que cette supposition n'avait aucun
fondement.

Toutefois, ne voulant recevoir de renseignements que des
lieux mêmes, j'ai patiemment cherché si je ne trouverais pas
dans l'intérieur de cet enclos quelque objet de cette époque.
Malgré des visites multipliées, mes recherches sont toujours
demeurées infructueuses; seuls deux ou trois fragments de
pierre dure taillée, très clair-semés, se sont tout d'abord
présentés à moi. Mais ces débris, quoique portant les marques
incontestables du travail de l'homme, étaient si peu nombreux et si incomplets qu'ils me semblèrent insuffisants pour
servir de base à une conclusion quelconque. Il ne s'agissait
plus, en tous cas, comme on le voit, des temps romains ou
gallo-romains.

L'idée me vint alors de porter mes investigations dans les
champs environnants. L'inspiration était bonne. En peu de
temps je pus rassembler une grande quantité de silex. Ce
n'était pour la plupart que des éclats, des débris; mais au
milieu d'eux se trouvaient un certain nombre d'instruments entiers et connus, qui suffirent amplement pour dissi-
per toute incertitude et me faire comprendre que je foulais
l'emplacement d'une ancienne station préhistorique.

Cette station occupe une très-grande surface de terrain et
s'étend assez loin, en empiétant même d'un côté sur le terri-

toire de Vanne, tout autour des *Billardes*. La disposition générale des lieux est curieuse. Elle permet de surveiller très-facilement une longue portion du cours de la Saône, et, grâce à une vaste dépression appelée la *Combe-Vairon*, de se dissimuler et disparaître presque instantanément.

Les silex ne se trouvent pas aux abords des murgers de l'enclos, ou du moins ils y sont excessivement rares. C'est seulement à partir d'une certaine distance de ceux-ci, soit sur le versant du coteau qui domine la vallée, soit dans la combe, que l'on commence à en voir. Disséminés un peu partout, comme au hasard, ils sont cependant plus abondants dans quatre ou cinq places, où après la culture et une grande pluie on est plus qu'ailleurs certain d'en rencontrer.

Jusqu'à ce jour, j'ai recueilli dans cette station plusieurs milliers de fragments ou d'éclats (4,690), dont une certaine quantité ont des formes déterminées, entre autres : — dix-huit percuteurs entiers, quelques-uns sont des cailloux roulés; — trente-six nucléus variant, pour la grosseur, de celle d'une petite noix à celle du poing; — une cinquantaine de pointes ou fragments de pointes de flèches (Pl. II, fig. 8, 9, 10, 22), dont huit à ailerons et pédoncule (Pl. II, fig. 20, 21, 24, 26); — huit haches polies entières, cinq en amphibolite schistoïde (Pl. II, fig. 29), deux en serpentine (?) (Pl. II, fig. 13), et une en une roche dure, bleuâtre, très-altérée à la surface (Pl. II, fig. 7); — vingt fragments plus ou moins grands de hache polie, dont un en silex; — une ébauche de hache en amphibolite; — une moitié de ciseau poli de même matière; — un grand nombre de lames en silex, variant de 0^m120 à 0^m018 de longueur; — neuf lames ou fragments de lames retaillées en silex, dont une très-belle, entière, un peu recourbée, a pu servir de poignard (Pl. II, fig. 23); — une quarantaine de grattoirs de formes diverses (Pl. II, fig. 5, 12, 16, 17, 18, 28); — six molettes, l'une complétement semblable à celle figurée dans le *Musée préhistorique* de

MM. de Mortillet (Pl. LXI, fig. 589); — quatre polissoirs en grès; — un fragment de meule dormante en granit; — puis des burins, des perçoirs, des écrasoirs, des tranchets; — et enfin, mêlés à tous ces objets, une certaine quantité d'instruments en quartzite, types de Chelles et du Moustier.

Y a-t-il connexité entre ces antiques outils et l'enceinte formée de menues pierres que j'ai décrite plus haut? La position où est établi cette sorte de refuge, la disposition générale des murgers qui l'entourent, son voisinage de la Saône, dont il n'est éloigné que de sept cents mètres environ, l'aspect même des lieux, tout paraît le démontrer.

Deuxième station. — Si l'on suit, en sortant du village, le vieux chemin de Confracourt, on ne tarde pas à descendre dans une assez forte dépression de terrain au fond de laquelle s'écoule, lorsqu'il a plu, un petit ravin, la *Roie-des-Andoiseux*, qui va se jeter un peu plus bas à gauche dans le ruisseau venant de Grandecourt.

Cette sorte de vallée est encaissée entre deux coteaux s'élevant, l'un à l'est et l'autre vers le nord. Celui-ci a, dans son ensemble, l'aspect d'un vaste mamelon que des bois recouvrent entièrement, si l'on en excepte le sommet et la pente qui regarde le midi, dont une partie est en terres cultivées.

C'est là, sur cette hauteur, lieu dit *Les-Charmonnots*, que se trouve le deuxième emplacement. Il est très-limité : à peine s'il occupe une étendue de dix à douze ares. Aussi ne m'a-t-il comparativement fourni qu'un petit nombre de silex (624), parmi lesquels quelques-uns seulement sont taillés et ont encore la forme d'armes et d'outils, tels que : — deux percuteurs; — cinq nucléus; — neuf pointes (Pl. II, fig. 11) ou fragments de pointes de flèches, dont une à ailerons et pédoncule; — une hache polie (Pl. II, fig. 19) et deux fragments en amphibolite schistoïde; — dix grattoirs de formes diverses (Pl. II, fig. 4, 6); — une belle lame de 0^m14 de long et plusieurs fragments de lames, et enfin trois éclats retaillés en silex, type du Moustier.

Troisième station. — Ce troisième stationnement est situé, comme je l'ai dit, au milieu de la prairie. Il occupe le centre d'un communal appelé la *Planche*, qui, depuis les premières années de ce siècle, est en nature de terres labourables.

Ce communal, dont la contenance est de huit hectares, a la forme d'un grand triangle rectangle ayant l'hypoténuse curviligne. Il est bordé au midi par une noue profonde encore, et au nord par une prairie basse, plus ou moins marécageuse, qui sont peut-être l'une et l'autre les anciens lits de deux bras de la Saône.

Ce terrain est plus élevé que la plaine environnante, et est presque entièrement composé de sable. Il s'étend du nord-est au sud-ouest en formant un long bourrelet que les labourages répétés de chaque année tendent à faire disparaître, mais dont la partie centrale est encore assez haute aujourd'hui pour que les eaux des plus forts débordements de la Saône ne la recouvrent jamais complétement.

Comment se fait-il que des instruments de pierre taillée soient disséminés sur ce sol qui, à l'époque de la pierre polie, était aussi sujet qu'aujourd'hui, sinon plus, aux inondations? C'est là un fait curieux. Ces quelques sillons de terre sont-ils l'emplacement d'un ancien îlot où, quand cela était possible, les tribus préhistoriques qui stationnaient sur nos coteaux venaient temporairement camper? Il est difficile de répondre à cette question.

Quoi qu'il en soit, c'est sur la tête de ce petit monticule de sable que j'ai trouvé une certaine quantité de silex taillés (1,520), parmi lesquels je citerai : — deux ou trois fragments de percuteurs; — une trentaine de nucléus, tous très-petits;

— une pointe de trait cassée à la base ; — vingt pointes de flèches (ou éclats ayant pu servir à cet usage), dont une à ailerons et pédoncule ; — un débris de hache polie en amphibolite schistoïde ; — seize grattoirs de formes variées ; — cinquante-une lames, toutes de très-petite dimension (Pl. II, fig. 14, 15), dont une vingtaine ont dû servir de perçoirs et de burins.

Les divers objets que l'on recueille dans les trois stationnements que je viens de décrire sont généralement assez petits. On comprend facilement que les matériaux qu'il fallait aller chercher plus ou moins loin aient été employés avec une certaine parcimonie. Il est cependant évident, vu le nombre des percuteurs et des nucléus que l'on y rencontre, que l'homme a fait sur ces lieux un séjour plus ou moins prolongé, et que les éclats y ont été détachés et les outils fabriqués à mesure que le besoin l'exigeait. C'est du moins ce qui a certainement eu lieu aux *Billardes* et peut-être à la *Planche*. Aux *Charmonnots*, au contraire, ainsi que semble l'indiquer l'absence presque complète des nucléus et le très-petit nombre des éclats, il ne faut voir sans doute qu'un campement de peu de durée, peut-être une simple halte.

En outre des objets que j'ai cités, ces emplacements m'ont fourni quelques silex craquelés par le feu, des débris de poteries et des cailloux roulés entiers ou en fragments en assez grande quantité.

Quelques-uns de ces derniers ont servi de percuteurs, de molettes, et même de nucléus, sur lesquels on a détaché des éclats que l'on retrouve çà et là ; mais généralement la plupart de ces cailloux, qui presque tous sont plus petits, légèrement plats et du même volume, ont dû servir de pierres de fronde.

Quant à la poterie, j'en ai trouvé aux *Billardes,* et surtout à la *Planche*. Aux *Charmonnots*, elle fait complétement défaut.

Cette poterie est très-épaisse et sans aucun ornement ni goulot. La pâte dont elle est composée est noire ou brune, parfois rougeâtre d'un côté, grossièrement pétrie, le plus souvent mouchetée de grains de pierre pilée, et si peu cuite qu'elle se délaie dans l'eau sous le plus léger frottement. J'ai recueilli à la *Planche* une anse très-petite dans laquelle le doigt peut à peine passer et quelques fragments assez grands pour que l'on puisse deviner la forme des vases dont ils faisaient partie.

Mes recherches n'ont pas eu lieu seulement sur les trois points mentionnés plus haut. Pour découvrir les deux derniers, il m'a fallu parcourir tout le territoire de Fédry à peu près, sillon par sillon. Aussi ai-je fait çà et là plusieurs trouvailles isolées.

A la *Planche-au-Saint :* une pointe de trait, trois pointes de flèche à ailerons et pédoncule (Pl. II, fig. 27), des grattoirs et des fragments de lames. — Au *Chânois :* une hache polie en pierre bleuâtre fortement altérée (Pl. II, fig. 3), et une pointe de flèche superbe à ailerons et pédoncule (Pl. II, fig. 25). — *Derrière-le-Chânois :* un fragment de hache polie. — *En-Jacquet :* un beau grattoir patiné, type du Moustier. — *En-Bicheveau :* une très-belle pointe moustiérienne retaillée. — Au chemin de Confracourt, lors de son élargissement dans l'hiver de 1882, une hache polie en amphibolite schistoïde (Pl. II, fig. 2). — *En-Vaugeon :* une jolie petite hache polie (Pl. II, fig. 1), et *Au-Dessus-des-Côtes :* une pointe de flèche triangulaire (1).

______

(1) D'autres objets antiques ont été trouvés autour de Fédry et complètent la série de ceux que j'ai vus et tenus. Ce sont : 1º dans la tranchée de la dérivation de Cubry-les-Soing, deux lames en silex, deux débris de poterie, dont l'un doit être de l'époque du bronze, quelques ossements ; 2º dans le sable provenant des dragages

Ainsi donc, non-seulement le territoire de Fédry a été parcouru par l'homme dès les âges préhistoriques, mais celui-ci y a stationné sur trois points au moins.

Combien de temps ces campements ont-ils duré? Il est impossible de le dire. Les outils que l'homme a laissés ou perdus sur leurs emplacements, — et qui seuls y constatent son séjour, — ne datent que de l'époque de la pierre polie. Habitait-il notre pays pendant les âges précédents? Quelques pièces en silex et en quartzite le feraient penser, si leur mélange, à la surface du sol, avec les objets néolithiques, permettait de tirer une déduction quelconque de leur présence.

En tous cas, ce qui n'est pas douteux, c'est qu'il a continué d'y séjourner postérieurement. La belle lame d'épée en bronze — ou en cuivre — recueillie dans les graviers extraits de la Saône, par la drague, en face de Sâles, le démontre suffisamment.

Alfred MILLIARD.

de la Saône, plusieurs lames en silex, un gros éclat roulé, type d'Etrelles, un beau grattoir, des dents et des ossements non déterminés. Et enfin, appartenant à un âge plus rapproché de nous, un magnifique statère d'or, imitation gauloise de ceux de Philippe II de Macédoine, découvert au fond de la dérivation qui a son embouchure près du ruisseau de Vy-les-Rupt.

J'ai conseillé à M. Souriaux, entrepreneur du canal à Rupt, son possesseur, qui n'a pas voulu me céder cette belle monnaie, de la présenter, en indiquant exactement sa provenance, au musée archéologique de Besançon, dans l'espoir que celui-ci serait plus heureux que moi. Je ne sais si cela a été fait.